Gaston Heux

L'INITIATION DOULOUREUSE

(1er cahier)

ÉDITIONS GAULOISES

79, rue de Miromesnil, 79 | 9, rue Maximilien, 9
PARIS   BRUXELLES

1924

L'Initiation Douloureuse

Il a été tiré de cet ouvrage :

5 (cinq) exemplaires sur papier Japon, numérotés à la presse de 1 à 5,
et 3 exemplaires marqués A. B. C. hors commerce ;

50 (cinquante) exemplaires sur papier Hollande Van Gelder numérotés à la presse de 6 à 55 ;

1,000 (mille) exemplaires sur papier C. L.

Gaston Heux

Le premier cahier de

L'INITIATION DOULOUREUSE

A ma femme, à mon fils,

ce livre, affectueusement dédié.

G. H.

Un titre aussi romantique ne peut-il convenir qu'à des confessions de jeunesse?

On dira qu'il n'est point d'âge pour initier à la vie; que la leçon des événements se poursuit jusqu'à l'agonie, et qu'on prend la suprême, et la seule stérile, de l'anéantissement. Il est moins sûr, par contre, qu'une telle initiation persiste à tourner au pire et, d'ailleurs, selon des mots pleins de sens, les cœurs qui ne se brisent pas, se bronzent.

Qu'il y ait un art de vivre, certes! mais cet art, esthétiquement du moins, n'offre que de pauvres ressources en regard d'une inexpérience qui était un art de souffrir. C'est donc la part austère de notre initiation qui verse en ce livre un goût prononcé d'amer-

tume; ce qui s'y dresse de joies s'enlève ici comme ces falaises fleuries, dont la hauteur mesure d'avance, au pessimiste, la profondeur des chutes. La surprise est encore que, de vertiges en défaillances, on finisse par atteindre au plateau.

Peut-être le poète sincère, également distant de la sécheresse et des redites, en arriverait-il facilement à n'écrire qu'un livre unique, toujours complet, jamais achevé, et dont le titre compréhensif convînt au contenu le plus dilatable. De quels poèmes pourtant, l'Initiation présente reste-t-elle mutilée? Semblable aux cartons d'atelier où s'accumulent les eaux-fortes, telle de ses rubriques, assez indigente encore, déborde déjà, mais pour moi seul, de ces pièces mi-faites — « qu'il n'y a plus qu'à écrire... » Dès ce moment des morceaux de plus de souffle, sous le nom de Symphonies, traduisent dans leur mouvement varié, chacun, l'évolution humaine d'un sentiment essentiel. Leur groupement fixera un jour, à lui seul, l'élan même d'une épopée intime.

SÉRÉNITÉ

Sérénité d'un soir que ne peut rien ternir,
Tu reflètes le Sage en ta douceur plénière,
Alors qu'un rêve intime abaisse sa paupière
Sur le calme de l'heure et sur le souvenir.

Ce qui renaît d'un songe est si doux à bénir !
La Détresse là-bas s'appuie à la Prière,
Et l'une offrant la nuit, et l'autre la lumière,
Par un long crépuscule ont dû se soutenir...

Si vous tremblez, vieux Jours, pour mon âme trop ten-
Devant votre poussière et devant votre cendre   [dre,
Mon livre et ma mémoire ont un même abandon.

Vous pouvez sans remords renouer votre ronde,
Qu'une égale tendresse au hasard vous confonde
Sous l'ineffable ampleur d'un geste de pardon !

Le livre puéril

...et le plus ingénu est le plus près des dieux...

Au maître du *Chant dans l'Ombre*,
à Fernand Séverin.

JEUNE DIEU

Cet enfant qui s'en vient rêve seul son beau rêve.
Un Dieu n'a pas encor, doux Créateur d'une Eve,
Visité son sommeil ni dédoublé sa chair.
Il dispense entre tous son trésor le plus cher,
Et son amour pensif d'un parfum baigne l'ombre!...
Pas un de ses bienfaits qui réduise leur nombre...
Quels dons auraient leur prix tant qu'il ne s'est donné ?
Et tout à ses candeurs d'éternel nouveau-né,
Il fait sa volupté, grande parmi les grandes,
D'un geste qui s'ignore et s'épanche en offrandes!

Le voici dans le jour adorable, tressant
A ses cheveux légers de l'églantine en sang...

D'autres ne sont torrents que pour subir leur digue !...
L'Univers veut combler l'être qui se prodigue...
 Tant d'échos pleins de lui qui se sont cru sa voix !

Envahissant des sens exaspérés cent fois,
Lueurs, hymnes, odeurs, versant leur riche essence,
Fondent la terre jeune à son adolescence.
Pas de gouffre où l'éclair de sa force n'ait lui...
Les cieux en longs sillons s'illuminent de lui,
Et, sûr enfin que chaque aspect le renouvelle,
Il savoure en son cœur sa vie universelle!...

Penchée aux coupes d'or, que l'ivresse a de choix!...

Il vient! d'amples transports ondulent par les bois,
Dont l'épaisse fraîcheur caresse d'ombres vertes
Son doux regard crédule et ses lèvres offertes...
Les troncs où s'égosille un nid suave et sûr
En jets mélodieux se hâtent vers l'azur...
Sur leur cime, d'or pâle et de vert nuancée,
La nue, au zénith bleu, sommeille balancée...
Mais l'enfant aperçoit parmi son souvenir
D'autres hôtes encore y descendre frémir.
Car il vous suit des yeux au ciel des nuits sublimes,
Essaims vertigineux jaillis de quels abîmes,
Etoiles que le rythme épars des belles nuits
Berce, au faîte des bois, dans la houle des bruits!
Il partage avec vous son âme fraternelle...
Sa fougue vous entraîne, autre forme de l'aile,
Mais la vôtre est de flamme, astres, et vous volez!
De branche en branche, en tourbillons, étincelez !
A peine appuyez-vous votre élan qui rayonne,
Qu'un neuf essor déjà dans votre être frissonne...

Vous laissez aux rameaux vos palpitations,
O divins oiseaux d'or des constellations !...

Tel, au-delà de soi, son instinct le prolonge...
Il crée un monde entier dans l'instant qu'il le songe,
Et c'est un Dieu ! et son vouloir torrentiel
Jailli d'un cœur divin, roule encore du ciel...
Il est onde et bondit, flamme, crépite et brille...
Inépuisablement sa vigueur s'éparpille,
Et tel, des vasques d'or de son illusion,
Descend le long ruisseau de la Création.

Les yeux à l'affût

Au poète Edouard Cornet.

ECLATS

Lever d'étoiles.

Par les halliers ceints de la brume diaphane,
J'ai, dans la solitude où meurt tout bruit profane,
En rêveur soucieux des instants embrasés
Où de l'ombre et du jour se fondent les baisers,
Parmi les troncs saignant l'âcre sève des moëlles,
Surpris les rites d'or du lever des étoiles...

Crépuscule.

Au bois plein de féerie et de parfums épars,
Un rayon glisse encor ses suprêmes regards.
Les horizons fanés n'ont point su, tout entière,
Des pénombres du soir abaisser la paupière :
Les nids sous la rosée ont des éclairs d'écrins...
Chaque perle en sa chute entraîne d'autres grains,
Laissant, de lourds colliers aux teintes nuancées,
Ruisseler et bondir les pierres dispersées.

Prodige dans les bois.

Comme d'autres leurs fruits, auriez-vous vos étoiles ?
Ce firmament jaillit du plus pur de vos moëlles...
Chaque astre ainsi serti dans vos obscurs réseaux,
— Car tout est charme en vous, mystérieux rameaux, —
Fixe, comme en un flux de vigueur printanière,
Sur la branche rugueuse un bourgeon de lumière !
Eclosion divine, ô secret d'un beau soir !
Quel vent surnaturel féconde le bois noir,
Et triomphant partout des écorces arides
Sous de vagues fruits d'or courbe les Hespérides ?

Rosaire.

Il suffit de l'esprit, ce fil mystérieux...
L'astre s'unit à l'astre en chœurs impérieux.
Plus d'étoile, là-haut, que son orgueil isole...
Nos grains se sont noués en un divin symbole,
Et l'âme solitaire où Dieu se contemplait
En les cherchant au ciel, les groupe en chapelet.
La foi simple du pâtre, égale à sa misère,
Perle à perle, la nuit, égrène ce rosaire !

CLAIR DE LUNE

Paix dans le soir naissant, silence à l'amertume !
Un astre vient éclore aux vitres des maisons,
Comme si pour l'Agneau qui pleure ses toisons
Quelque pasteur divin était né dans la brume !

Déjà, des braises d'or que le lointain consume,
Quelqu'un, de la fournaise arrachant les tisons,
Les lance au tiède azur du fond des horizons,
Et chacun dans l'éther en étoile s'allume !

Au cœur des troncs moussus vois la lune en glissant
Planter les dards de feu de son ferme croissant,
Et contre cet obstacle irriter sa fatigue :...

Il semble cette nuit, qu'indomptable et changeant,
Quelque bélier céleste en assauts se prodigue
Et s'aiguise aux rameaux les deux cornes d'argent !

L'Inspiration et la Pensée

LA MUSE JUVÉNILE

Ma Muse, te voici la paupière baissée,
Qu'un rayon trop vermeil de sa flèche a blessée,
Et lorsqu'avec respect je te frôle les yeux,
Il n'est que mes baisers qui te les closent mieux!
Assez chers sont les temps pour que je m'en souvienne,
Où mes doigts, où ta main se fondant à la mienne,
Par les sentiers mêlés où, muets, nous passions,
Brûlaient du feu secret des mêmes passions !
Ta marche des sommets redoute les approches ?...
C'est que ton pied trop frêle ensanglante les roches,
Et pour le jeune élan de ses bonds familiers
Ton rêve, comme un faon, recherche les halliers.

Toujours je t'ai connu des lèvres sérieuses,
Mais jusqu'à tes douleurs restaient mélodieuses,
Le rythme malgré toi s'impose à tes sanglots,
Et l'astre est dans le soir qui se mêle à tes flots...
Mais rien n'égaie aussi tes prunelles pensives...
Viennent les chauds rayons et leurs lèvres lascives,
Tu fermes chastement tes yeux étoilés d'or,
Et pleines du frisson de leur suprême essor
Tandis qu'ont tressailli tes deux ailes de gaze,
Tes regards vont en toi poursuivre leur extase!

A Jacques Roupcinsky.

PÉGASE

Hippogriffe ! ô lien des astres clairs entre eux !
Qu'une étreinte, ce soir, nous confonde en un groupe :
Cariatide souple accrochée à ta croupe,
Je bondirai les bonds du coursier ténébreux !

Battant d'un pied vainqueur les horizons poudreux,
Tu fais jaillir des monts où l'azur se découpe,
Et fuir aux quatre vents, comme une folle troupe,
Des étoiles du soir les grains d'or lumineux !

Ainsi, quand ma pensée, aux essors toujours prête,
Du baiser de ses fers illumine ton faîte,
O vers, ô pur sommet où son aile descend,

C'est en un fauve éclair que sa trace s'imprime,
Et que son pied sonore y vient tout frémissant,
Eparpiller d'un choc l'essaim d'or de la rime !

PHILOSOPHIE NAÏVE.

Temps où l'âme paisible alanguissait mon sein !
Où les mots, ferme appui des sereines pensées,
S'offraient harmonieux à leurs ailes pressées,
Branches qui bourdonnaient d'un immortel essaim !

Où, dorant sous les flots le vert reflet des palmes,
L'aurore illuminait l'onde des purs plaisirs.
Dont la fraîcheur, en troupe, attirait nos désirs
Comme des bœufs divins aux mufles lourds et calmes !

Où l'espoir, Seuil riant, te confiait son nid :
Et tous deux éternels, printemps comme jeunesse,
Dans sa mousse odorante y retenaient sans cesse
L'oiseau que nul hiver n'avait encor banni !

Temps où ma force vierge et ma pensée austère
Sondaient sans lassitude et pénétraient sans heurt
Dans ta prunelle d'or l'énigme du bonheur,
Nature où l'harmonie a l'attrait du mystère !

Temps sereins ! renaissez à de nouveaux hasards...
Ah ! si pour d'autres jours l'innocence première
Tissait à l'existence un voile de lumière
Qui pût faire hésiter de profanes regards !

Si des rayons divins doucement pénétrée,
Mon âme, secouant le froid de sa prison,
Des ailes et des yeux appelait l'horizon
Et noyait sa prunelle à l'aurore sacrée!...

Pour t'animer enfin, solitude du cœur,
Comme on trouve la nacre au plus noir de la vase,
Dans les jours révolus du rêve et de l'extase
Je cherche un souvenir suppléant le bonheur...

Que la matière et l'âme entre elles apaisées,
Et lasses de s'étreindre en un choc éternel,
Pour sceller d'un baiser leur pacte fraternel,
Unissent à jamais leurs lèvres embrasées !

Sur ces lutteurs mêlant leurs souffles et leurs pas,
Entr'ouvre, Apaisement, ta grande aile sereine
Qui saurait dérider dans la paix souveraine
Jusqu'au front torturé de l'ange des combats!

Et tout va remonter où l'idéal repose :
O la chair reniant ses sordides haillons
Et s'unissant à l'âme au milieu des rayons,
Comme dans son parfum se prolonge la rose !

Mais quel rêve à son leurre insensé me soumet ?
Comme un daim familier, fils léger de la plaine,
Sur la roche à gravir épuise son haleine
Pour respirer l'air pur sur un divin sommet ;

Quand l'homme ayant gravi les cimes les plus rudes,
Pour couronner partout la vision d'un Dieu
Eût des astres du soir fait un nimbe de feu
Et retrempé son cœur au vent des solitudes;

Par crainte de faillir après avoir vaincu,
Par crainte de sentir sa chair rassérénée
Aux abîmes anciens par son poids entraînée,
Par crainte de l'angoisse où l'esprit a vécu;

Eût-il même, vainqueur des ivresses malsaines,
Un jour, un jour entier puisé ton vin vermeil,
Nature, cep fécond qui mûris au soleil
Et dont les chauds ferments ont passé dans ses veines ;

Comme il voudrait sentir par un suprême effort
Se séparer en lui l'essence et la matière,
Et refluer son être à la source première :
Nos âmes à la vie, et la chair à la mort !

Le cœur s'inquiète

L'AUBE EN FLEURS

Une ivresse flottait dans la lumière... Eclore!
Ce qui restait de nuit, ombre, suivait l'Aurore...
Tout, pareil à Narcisse, aspirait à saisir
Le double frémissant offert à son désir.
Mille aspects en travail lourds de choses à naître...
Etirement voluptueux qui ploie un être
Comme un bel arc vivant vers toutes les clartés !
La virginale ampleur des abîmes bleutés,
Gouffres où crépitaient les rayons et les flammes,
Ouvrait sa plénitude au vol sacré des âmes !
Ailes pleines de ciel d'un essaim d'alcyons !
De la racine au faîte accueillant aux rayons,
L'arbre qui rêve aux fruits d'une saison plénière,

Gonflait de l'avenir sa sève printanière.
La rosée innocente inondait de lueurs
L'éblouissant sourire avivé dans les fleurs ;
Partout, dans les halliers, en grêles avalanches,
Des bouquets s'effeuillaient dont s'allégeaient les bran-
Tant de force est éparse au désir d'embraser   [ches.
Que cent lèvres naissaient où passait un baiser !
— O rose d'allégresse en sa fièvre trémière !
... Et la forêt là-bas, songeuse en la lumière,
Ta gardienne, Diane, attentive le soir
A distraire les yeux entr'ouverts pour te voir,
Enviait Actéon d'emporter dans ses courses
La Meute expiatoire et le Secret des sources !

REFLETS D'ÉTOILES

Pressentiments

Penchez-vous, à présent, sur cette onde irisée !
Dès qu'un saule craintif égoutte la rosée
Dont les moiteurs du soir constellent les buissons,
Pour peu que sous ces pleurs un orbe se décrive,
       Hélas ! de rive en rive
      Quels douloureux frissons !

Tandis qu'un choc léger et qui l'ébranle à peine
Emeut d'un long émoi la profondeur sereine,
Sous les flots dort un ciel qui se recueille en eux,
Et voici qu'il reluit dans ces eaux étoilées,
      Nappes jamais troublées,
      Cent cailloux lumineux.

Ah! si pourtant l'amour, comme une étoile offerte,
Tombe d'un firmament dans ma vie entr'ouverte,
Qu'il dédouble l'azur, ce bel astre d'en bas,
Et que ce caillou d'or, lointain reflet d'un monde,
Scintille dans cette onde,
Mais ne la trouble pas !

Le vague de l'âme

CRÉPUSCULE DANS LES BOIS

Les lueurs s'éteignaient dans les ternes rosées...
« Chers désirs, vœux secrets, larmes cristallisées,
Voici discrètement, autour de vous, les bois...
Leur nocturne douceur vous parle d'autrefois ;
Il plane autour de vous, l'adorable présage,
Et le silence affine en son muet langage
Dont le sens ineffable au cœur seul se traduit,
La consolation pensive de la nuit. »

La jeunesse de l'ombre émerveillait les sentes...
Quel souvenir épars des clartés presque absentes
Sur les lèvres du soir faisait errer encor,
Lumières en exil, votre sourire d'or !

Un clair-obscur divin argentait les érables,
Et vous, bruissement des forêts vénérables,
Voluptueux appels tombés au loin d'un nid,
Aile immense du vent flagellant l'infini,
Des fleuves de la vie enveloppant murmure,
Vos rires s'exaltaient dans la jeune nature,
Comme frémit sous bois, en milliers de rumeurs,
L'avril des sources d'or sur les cailloux chanteurs !

LE REGRET DU SOMMEIL

O silence imposant, ô langueur des forêts !
Là, pareils à la bête inquiète des rets
Qui laisse, en palpitant, ses narines rosées
Au souffle matinal s'humecter de rosées,
Nos désirs douloureux qu'a blessés le réveil,
Dans ce calme endormeur vont refaire un sommeil.

A M. et Mme Rodrigue.

GLAS D'HIVER

Tu n'as rien pressenti, chair aveugle, esprit las !
Mais rentre dans toi-même et reconnais ce glas...
La neige tombe... un morne hiver, lourd d'avalanches,
Flagelle l'air épais de ses étoiles blanches,
Un ciel mourant perd ses étoiles... un ciel gris...
Il neige sur ton front pâle d'avoir compris.

Jadis un frais décor tout frémissant de joie,
Où la grâce des fleurs câlinement s'éploie ,
Et, te parlant aux sens un langage embaumé,,
Te pénètre le cœur de tout l'inexprimé.
Tu vivais comme un hôte au plus fort d'une fête,
Où n'éclatait jamais que la tendre tempête

Des grenades fendant leur cœur à la clarté,
Sous le puissant effort de leur maturité !
Les vents portaient en eux, doux fécondeurs des mondes,
Dans le pollen errant, des flores vagabondes !
Tandis que se tordait au fil chanteur des eaux
La chevelure d'or qu'y trempent les rameaux,
Les sèves parfumaient sous l'écorce sacrée
D'un flot fidèle et pur quelque nymphe altérée.
Nectar jamais tari ! l'ivresse de leurs dieux
Faisait rire aux éclats les bois mélodieux...
Comme le vin, le pain du corps nourrissait l'âme !
Légèrement, avec ses pieds ailés de flamme,
Souriant, féminin à la fois et viril,
Descendait le Printemps, rayon dans le grésil.
Où la lueur de ses pieds clairs s'était posée,
Une aurore rôdait sur la terre rosée ;
La route tiède que frayait sa marche d'or
Au paresseux Eté bientôt s'ouvrait encor...
Puis à l'Automne ; et qui les blés, et qui les roses,
Qui les raisins, où tant d'extases sont encloses,
Chacun de ces Passants, jeune, fort et divin,
Nous apportait le Pain, nous prodiguait le Vin !
Tu te souviens, mon cœur, de cette exquise orgie...
Comme elles bouillonnaient, les sources d'Energie !
Le long enchaînement de tes jours enchantés,
Si sûrement multipliait tes voluptés !
Ainsi dansent nos jours sous leurs gazes lascives!
Par milliers près de toi d'harmonieux convives
Laissaient un chant léger à leurs lèvres courir,

Et nul, dans son bonheur, ne craignait d'en mourir.
Ils étaient loin, les soirs de ces fêtes romaines,
Et même à des regards tout cernés d'affres vaines
Rien n'évoquait jamais, dans leur louche décor,
L'ordonnateur de ces festins, l'Imperator,
Celui de qui les doigts cerclés de lourdes bagues
Montraient parfois la voûte avec des gestes vagues,
Tandis que sur les mets fumants, sur les brasiers,
Se fanaient longuement d'invisibles rosiers !

L'Initiation du Cœur

L'AMOUR BALBUTIÉ

LES YEUX OBSESSEURS

Comme en un pur joyau se concentre une flamme,
Confie en un regard le meilleur de ton âme !
C'est peu d'un firmament où m'obsèdent tes yeux,
Et prodiguant pour moi leur lumineux mystère,
   Ils m'étoilent la terre
   Et me doublent les cieux.

Le pêcheur est ainsi, dans l'âpre solitude,
Tout exilé du ciel parmi la houle rude !
Mais le soir sur la mer égrène ses reflets,
Et le flot berce alors, au murmure des voiles,
   L'image des étoiles
   Captive en ses filets !

SOLEILS COUCHÉS

Toute ma vie, enfant, de ton charme est hantée...
Le jour où tu n'es plus n'est qu'une ombre enchantée
Où ton prestige épars se prolonge en vainqueur...
Vois ! mes yeux éblouis sous leur vaine paupière,
Retiennent ta lumière
En un défi du cœur!

Ainsi, lorsque le soir, tels que de vagues tulles,
Fait s'abattre en flottant de graves crépuscules,
Quelque rayon parfois y creuse un trou vermeil,
Et brodant de ses ors la gaze des nuits sombres,
Irise encor les ombres
D'un reste de soleil!

TRANSPARENCE

Ma prière exaucée a vaincu ta fierté.
Je l'ai lu dans tes yeux faits de limpidité :
Un sentiment nouveau, proche de l'innocence,
Emplit sans le ternir ton cœur qui se fiance.
Un trouble, un trouble exquis enlace nos vingt ans ;
Je sens trembler en toi comme un frêle printemps
Et, près d'anciennes fleurs pour d'autres délaissées,
Croître un magique Eden de nouvelles pensées.

CURIOSITÉ

Je ferai, sous tes yeux, ma fête accoutumée,
De tenir dans mes mains ta main fière enfermée,
D'effleurer quelquefois de mes baisers discrets
Cet oiseau frêle et cher, captivé dans ces rets,
Et sur les vœux troublants de mes rêves profanes
Tissant les mots subtils en tulles diaphanes,
D'y laisser transparaître à demi mes ardeurs,
Pour savourer l'émoi de tes blanches pudeurs.

RÉVEIL

LE SYMBOLE DU JARDIN ET DE L'AMOUR

Aux pentes où la vie enseigne à défaillir,
Dès longtemps haletaient mes forces épuisées,
Quand vint le soir religieux s'y recueillir.

A l'approche de l'ombre en perles déposées,
Tremblaient aux frondaisons où s'étouffent les clairs,
D'un semblable frisson étoiles et rosées.

Ebranlant la nuit bleue au bruit rauque des flairs,
Des faons, jarrets tendus, et l'haleine sifflante,
Humaient l'inquiétude éparse dans les airs.

A peine encor quelque lumière somnolente...
La nocturne marée en étirant ses flots,
Noyait les rocs, submergeait l'être, bête et plante !

Et brusquement un midi d'or en ce jour clos !
Un coin d'exubérance où palpite un prodige
De parterres en fleurs et de vergers éclos.

Quelle tiédeur ailée en parfums y voltige !...
Quels pétales partout d'un élan dépliés,
S'ouvrent au frôlement d'un souffle de vertige ?...

Du sommeil éternel tardifs initiés,
Seuls les soucis du temps, seuls les soucis du monde,
Dans cette tombe en fleurs reposaient oubliés.

Amour, j'ai salué ta retraite féconde !
L'inépuisable joie a cent rythmes divers,
Lustrale dans la flamme et lustrale dans l'onde.

Les fruits se balançaient, légers de sucs amers ;
Dans leurs roses duvets on croyait voir revivre
Les tendres chatoiements et le carmin des chairs.

Des lys montaient vers eux comme des fleurs de givre
Et, toute pureté vers la fécondité,
Ils exhalaient leurs cœurs d'où l'encens se délivre.

Et tout s'enveloppait de flottante beauté,
Et la résine d'or roulait sur les écorces,
Perle autant que parfum, sa fleurante clarté.

O geste des semeurs dont se cambrent les torses !
Je vous cherchais dans cet Eden épanoui
Où la vie émanait d'intarissables forces !

Et près du seuil clément, j'hésitais ébloui,
Lorsque me prit la main quelqu'un de l'invisible
Que nul dans ce jardin, hors moi, n'avait ouï !

« Tu peux entrer; atteins partout l'inaccessible !
» Tes pas prédestinés sentent frémir le seuil
» Que d'autres moins heureux ont pu croire impassible.

» Rejette la froideur qui te masque d'orgueil !
» Et reçois de l'Amour, ô mon frère, ô mon hôte,
» Le baiser qu'éternise un tendre et ferme accueil !... »

Et comme avant les temps de la première faute,
Les branches fléchissaient sous l'excès de leur poids,
Et pour m'offrir ses fruits s'abaissait la plus haute.

Toutes les faims pour s'assouvir pressant leur choix !
Toutes les soifs à pleines lèvres étanchées !
Toutes les voluptés promises à la fois !

N'offrant plus, en secret, que des pulpes tachées,
Comme haussant la terre au devant du désir
Des fruits impatients s'amassaient en jonchées.

T'ai-je compris si mal, emblème du plaisir,
Que, très haut, et, le soir, bercé près des étoiles,
Le fruit qui me tenta ne pouvait se saisir ?

Mais l'aile de l'Esprit transparut sous ses voiles,
Et, promettant l'azur à mes vœux d'exilé,
M'emportait assouvir le désir de mes moelles.

Plus que la convoitise un remords m'a troublé,
Et mon geste planait sur le verger mystique,
Des cent fruits méconnus vers ce fruit étoilé!

« Ah ! pourquoi ternirais-je, en ce soir pacifique
» Où se gonfle d'espoir le cœur universel,
» Les tissus transparents de sa chaste tunique ?

» Non, non ! qu'en ce printemps généreux et charnel,
» Comme un gage vermeil d'éternelle jeunesse,
» Sous ses roses duvets coule un sang éternel...

» Le vent du ciel peut seul, et seule sa caresse,
» Attarder sur sa chair leurs baisers délicats...
» Qu'il reste le fruit pur du jardin d'allégresse !

» Ces doigts respectueux ne le cueilleront pas :
» Mes yeux garderont seuls sa lumineuse image
» Par les sentiers futurs où buteront mes pas ! »

Et déjà, voyageur, la fièvre du voyage
M'emportait vers la nuit de l'éternel chemin :
Mais une houle d'ombre obscurcit le feuillage...

Deux yeux luirent, points d'or qui dardaient le dédain,
Et cinglant mon respect d'un long spasme de rire,
L'Esprit, d'un brusque coup, me repoussa la main.

« Du seuil bleu que toi-même auras su t'interdire,
» Oh ! regarde !... », et des fruits me montrant le plus
» Désormais sa fraîcheur est à qui la désire!... » [beau,

Et le vent qui passait l'arracha du rameau.

En lui, autour de lui, c'est l'appel de la vie.

La Tentation

LES ONAGRES

Des onagres, là-bas, en hordes vagabondes...
Loin des fraîcheurs du puits où la halte s'endort,
Le regret des palmiers cerne d'ombres profondes
Leurs yeux de nostalgie et qu'enfièvre la mort.

Lointaine est l'oasis aux sources parfumées,
Où les fauves rayons pleuvant de l'astre en feu,
Comme une agrafe d'or rattache deux camées,
Joignaient le bleu du ciel aux frissons du flot bleu !

Et voici qu'une soif les mord de ses morsures,
Tandis que, les hauteurs en clartés s'épanchant,
Comme une nappe claire, une mer sans murmures,
Le soir en lac moiré transforme le Couchant.

Et d'un élan soudain la horde tout entière,
Sous une ardeur brûlante à troubler la raison,
Tend la lèvre assoiffée à ces flots de lumière
Qu'en leur épuisement fait luire l'horizon.

Mais au gravier bientôt leur narine se froisse,
Et tandis que ce lac déferle sous leurs yeux,
Dans un dernier effort renâclant leur angoisse,
Ils tombent, haletants, les naseaux vers les cieux !

Qu'as-tu fait, vain rêveur, de tes candeurs premières ?
Si tes vœux mal comblés désespèrent ton cri,
Heureux qui s'agenouille aux sources coutumières :
La jeunesse est un flot : tu ne l'as point tari...

L'onde qu'il te fallait idéale et sacrée,
Eût à peine, Esprit pur, désaltéré tes dieux :
La jeunesse s'offrait à ta lèvre enfiévrée...
Et tu te meurs de soif, les lèvres vers les cieux !

L'ÉPHÉMÈRE EXIL

Tes pieuses amours, ces tendresses premières
Que sevraient de leur vin les voluptés grossières,
En gagnant le sentier qui les voue aux exils,
Ouvrent aux pleurs secrets les réseaux de leurs cils,
Tandis que leur sein pâle, aux frêles meurtrissures,
D'une pourpre sanglante emperle ses blessures.

Mais au terne tissu d'un souvenir pâli
Le temps mêle toujours les fils clairs de l'oubli ;
Garde-toi d'enseigner à tes lèvres fanées
L'obscur balbutiement des âmes résignées :
L'éphémère douleur sied aux brèves amours.

Regarde, à l'Orient parfumé de tes jours,
Ta jeunesse entraîner par ses routes fleuries,
Les groupes enlacés des folles théories :
D'autres jours t'ont promis à d'autres voluptés,
Et pour l'embrasement de tes sens exaltés,
Des vierges déploieront, en poses enivrées,
Les hymnes ondoyants de leurs formes nacrées !

Oh ! que celle, du moins, attarde ton désir
De qui la lèvre est neuve aux langueurs du plaisir
Et dont la jeune grâce est reine entre les reines.
Comme au ruissellement des aurores sereines,
Sous les brouillards pourprés et tièdes des matins
Glissent, en bleus replis, des ruisseaux incertains,
Sous la rose impudeur de sa chair veloutée
S'égare le frisson d'une veine bleutée !

Premier éveil du cœur, aurore de nos cieux !
Ton reflet ébloui traîne enfin dans ses yeux.
A sa lèvre où déjà flotte une tendre extase
Voluptueusement son haleine s'embrase,
Et, dans l'hymne charnel où rit leur thème clair,
Court l'arabesque d'or des strophes de sa chair !

« ...*Après avoir souffert, il faut souffrir encore...* »

L'impossible indifférence :

« ...*Après avoir souffert, il faut souffrir encore...* »

Au poète Franz Ansel.

CLAIRVOYANCE

I

INTÉRIEUREMENT

Toi qui songeais encor, délaissé des chimères,
A leurs crins d'or épars sur tes jours de naguères,
O mon être d'amour, avide d'être aimé,
Irrévocablement, mon cœur, je t'ai fermé.

Dans des robes de soie et des lueurs de moire,
Combien douces rôdaient au seuil de ma mémoire
Celles dont la chair seule eut sa virginité !
Qu'espérait-on, vraiment, de ma crédulité ?
Que le mensonge errant en parfums à leur bouche
Recevrait sur ma lèvre un accueil moins farouche?
Qu'ayant assez souffert de l'exil prononcé
Je vous évoquerais, Perfides, du passé

83

Et qu'aux limbes d'argent des fidélités fortes
S'ouvrirait un jardin où renaîtraient ces mortes !
Oui..., vous voilà ! groupes à groupes, vous glissez !
Qui vous regarde, hélas! ne peut vous craindre assez.
J'attends en vain de moi le geste qui repousse,
Et votre astuce en fleurs sur tous mes sens est douce!...
Ah ! que l'esprit, du moins, hostile à trop d'ardeurs,
Pénètre votre chair et voile ses splendeurs !
Mais vous transparaîtrez sous ces métamorphoses :
Pareilles aux sommets dont les neiges sont roses
D'une flore glacée éclose sous le gel,
Chastes vous trahissez comme un printemps charnel.
Toute ivresse s'épure, et la vôtre peut-être...
Vous appelez à vous, mais si bas, votre Maître,
Qu'au fond de votre voix j'aurais peine à saisir
Ce qu'il reste du cri de votre ancien désir !

Ainsi l'illusion farde de ses mensonges
Ces vierges aux beaux cils qui déçurent mes songes,
Et n'ouvrent si profonds leurs iris étoilés
Que pour précipiter d'un ciel les cœurs ailés !

Mais quoi ! tout mon espoir palpite sur leur trace !...
Pas une qui se prête à m'arracher sa grâce...
Rien qu'en pesant sur moi de son regard très doux,
La plus coupable, hélas! fait honte à mon courroux...
J'oublie en l'absolvant ce que je lui pardonne,
Je le sens dans mon cœur: sa présence m'est bonne!

« O vous, dont je chéris jusqu'à l'indignité,
» Puisqu'elle affine encore et parfait la beauté,
» Eh bien, rentrez-en moi, parjures ! L'âme tendre,
» Si dur qu'en soit l'aveu, restait à vous attendre! »
Et leurs groupes, alors, s'approchant tout surpris,
Me plaignaient à mi-voix : « Maître, tu t'es mépris ! »
O rythmes musicaux, frémissez sous les plectres !
O seuils où la pitié des pensives Electres
Accueillera toujours Oreste reconnu !...
« Salut ! hôte meurtri, des lointains revenu!
» Voyez ! l'étrange exil dont vous frappiez nos crimes
» Fit maîtresses, ici, vos heureuses victimes !
» D'un cœur dont nous sortions préférant vous bannir,
» Vous avez loin de vous vécu votre avenir,
» Et celles qu'on traitait trop vite d'exilées,
» A votre triste chair restaient toutes mêlées !
» Qui vous cherchait en vous ne vous y trouvait pas...
» Aux mornes horizons s'enchevêtraient vos pas,
» Et secouant enfin votre propre anathème
» O Maître, vous rentrez, étranger, en vous-même ! »

Telles vous sanglotiez, vierges, vos larmes d'or !
Vous étreigniez ma main, toute meurtrie encor !
... Doux êtres méconnus et chers jusqu'à mes doutes,
O vous que je poussais parmi l'effroi des routes
Où les vivants cailloux, pleins d'abois et de bonds,
Comme des chiens mordent les pieds des vagabonds,
A voir ma chair en sang, vous pleuriez dans vos tresses,
Et sur elle, en parfums, vous versiez vos tendresses !

Amantes, s'efforçant vers de purs abandons,
Vous exerciez vos cœurs maternels aux pardons ;
Les lèvres chaudes embrasaient la bouche blême,
Et vous étiez, pour mes remords, la pitié même !
Chacune dans la femme éveillant une sœur
De cet ingrat impie absolvait la noirceur,
Et comme tout en vous sanctifiait mes limbes,
J'embrassais vos pieds nus et je baisais vos nimbes !
Mais à peine, au chemin, mon front s'était heurté,
Rejetant comme un masque une feinte bonté,
Vous insultiez, avec un rire qui la blesse,
Vous, la toute puissance, à ma toute faiblesse !

Alors, ce cœur crédule aux recommencements,
Je l'avais clos sur vous, irrévocablement.

II

INDIFFÉRENCE

I. Corbeille.

Dans la corbeille d'or des paisibles années,
Comme un osier flexible aux doigts de Destinées,
Mes jours entrelaçaient leur souplesse à mes nuits !
Odorante corbeille où s'amassent les fruits !
Pampres qu'aux espaliers des vendanges insignes
Pleure longtemps encor le sang meurtri des vignes ;
Pêches d'un clos jaloux, équivoque saveur
Qui dans leur tendre chair prolonge un goût de fleur ;
Et vous, sous les frissons et l'éclair des rosées,
Douces gouttes de nuit, mûres cristallisées...
Bleus raisins où, le soir, dans les ombres perdu,
Un rayon trouve encor le frelon suspendu,

Et traverse d'un trait de lumière expirante
La grappe diaphane et l'aile transparente,
Maturité, fécondité, suavité,
Dont les trésors déçus ne m'auront plus tenté,
Vous vantiez vainement à mes détresses sourdes
La volupté des vins dont les vignes sont lourdes.

II. Sérénité.

Molle extase des sens ! Sommeil de toute envie !
Doux aspect de la mort dont s'entoure la vie !
Et toi, divine encor dans le vide des cieux,
Lumière éparse, cendre immortelle des dieux,
Si l'embûche est impie où te guettent des voiles,
Ruisselle par les trous des clémentes étoiles !

Ascètes ! ô fervents qui viviez à genoux !
Bienheureux qui portiez votre ciel avec vous !
Dans l'abîme sans fond des veilles extatiques,
L'approche de vos dieux fermait vos yeux mystiques.
Ils y passaient... leurs mains se fondaient en clarté...
Ils se nommaient Amour, Douceur, Sérénité,

Et tant que leur présence étoilait vos paupières,
Vos longs cils s'écartaient sous d'intimes lumières.
Puis, lorsque le réveil de ces hautes amours,
Rouvrait, hélas ! vos yeux à la pâleur des jours,
Haletants de regret sous ce ciel qui vous quitte,
Pour mériter encor son auguste visite,
Vous consumiez sans fin votre long avenir
Entre un obscur espoir et l'obscur souvenir.
Mais moi, moi ! reniant les dieux qui nous délaissent,
Libre de ces amours dont les meilleures blessent,
Ton rude acier jamais ne m'a plus transpercé,
Regret, flèche vibrant sur l'arc d'or du passé.
Détourné du futur par la crainte d'y croire,
Dans l'éternel présent des êtres sans mémoire,
Sereinement, sans un effort et les yeux clos,
O temps, calme avenir, j'ai descendu tes flots.
Et les soirs constellés suspendaient dans tes ondes,
Pour me mêler aux cieux le reflet de leurs mondes.
Rien de réel qui dût encor me retenir.
Que m'importait d'ailleurs que l'on en pût mourir,
Trop heureux, mille fois, de m'engloutir en elle,
Si l'onde constellée était l'onde mortelle.
Combien ai-je connu de ces lointaines sœurs,
Ophélias des temps qui mouraient d'être ailleurs.
Comme autrefois la vierge, au fil fatal du fleuve,
Rêvait son rêve, inconsciente de l'épreuve,
Sans qu'un geste réel, l'arrachant à la mort,
Eût crispé sa main pâle aux roseaux verts du bord
Tel aussi votre rêve au fond des cieux oublie

La détresse où se meurt la terrestre Ophélie...
L'extase vous entraîne en ses funestes eaux,
Mais les banalités, comme de grands roseaux
Qui s'élancent vers vous des profondeurs secrètes,
N'arrêtent pas vos yeux, éternelles distraites !

Ainsi, sous la rigueur d'une infaillible loi,
Jaillissant de mon cœur et s'absorbant en moi,
Existence d'un jour, vaste fleur immobile
Ouverte sur les eaux comme l'attrait d'une île,
Ma pensée évoquait ce nénuphar géant
Qui sur son lac natal se replonge au néant.

III

RÉVEIL

Et cette heure où,— mes yeux ! mes yeux larges ouverts !—
J'ai replongé par vous dans l'énorme Univers...
Mes paupières, brusquant l'orgueil de rester closes,
M'étourdirent soudain du vertige des choses.
Moi qui disais : « Vous, la lumière, et vous, le bruit,
» Mes yeux fermés feront en moi la grande nuit,
» Et mon calme, rebelle à toute violence,
» Dans mon cœur sans échos tendra le grand silence ! »
De mes sens maîtrisés je me sacrais le roi...
Et voici brusquement qu'au plus profond de moi,
Les formes renaissaient, splendides ou funèbres,
Dans la confusion de mes vieilles ténèbres.

Le jour m'envahissait de houleuses clartés,
Et sur leurs vagues d'or chantaient les Astartés !
Eperdument se devinait la joie éparse,
Du désir innombrable invisible comparse,
Et partout se grisaient les satyres ardents,
Ivres des thyrses verts qu'ils marquaient de leurs dents.
Là, les riches pollens, que le vent dissémine,
Vers le pistil fécond inclinaient l'étamine,
Et des bois, où la sève odorante brûlait,
De la terre et des eaux je gardais un reflet :
Double dans l'unité, la vie universelle,
Qui s'exalte, palpite, et flamme, onde, ruisselle,
Epanouit deux fois son sublime réveil
Dans ma pleine pensée et dans le plein soleil !

Ces aspects infinis, s'affranchissant de l'ombre,
Se dérobaient sans cesse à l'étreinte du nombre,
Comme le corps fondant d'une nymphe des eaux
Echappe aux aegypans à travers les roseaux.
Rien que leur souvenir d'un vertige m'enivre...
Alors, à voir le monde, impatient de vivre,
Revivre encor la nuit les voluptés du jour,
Je compris à jamais l'infini dans l'amour !
L'amour ! qui fit sa joie, hélas, de mon supplice...
Limpide amour où transparaît le sacrifice,
Comme en de frais ruisseaux un lit noir de cailloux.
Qui s'y plonge, s'y blesse, et nous en saignons tous !
Partout un même élan de force exaspérée
Initiait l'Amour à la douleur sacrée,

Et partout notre Espoir, avec son rire en pleurs,
Retournait à l'Amour dans le pas des Douleurs!
— Nouée au tronc d'argent des bouleaux et des ormes,
Nymphe qu'un soubresaut capricieux des formes
De la chair à la flore obligeait à déchoir,
Toute la nuit, l'hamadryade, dans le noir,
Avec ses reins cabrés faisant saigner l'écorce,
S'obstinait dans l'élan captif de son beau torse.
Des dryades, là-bas, du creux des chênes verts,
A cette amante en pleurs s'offraient, les bras ouverts !
De langoureux appels penchaient leurs formes blanches...
Mais un sang végétal les figeait dès les hanches,
Et le vivace espoir des cœurs jeunes et fous
Les menait seul à l'impossible rendez-vous.
— En vain dans la torpeur dont l'été les embrase,
Les midis consumaient une immobile extase...
En vain le cœur du monde où rien ne remuait,
S'abîmait gravement dans un songe muet :
Les horizons lointains où s'épanche et se dore
La Clarté sans déclin qui n'a pas eu d'aurore,
Unissaient, sous l'ardeur du jour essentiel,
Le taciturne amour de la terre et du ciel !